AF343155

Concert de l'Abonnement

LE CHANT DE LA CLOCHE

Légende dramatique en un Prologue et sept Tableaux

Poème et Musique de **Vincent d'INDY**

PREMIÈRE AUDITION

Premier Tableau : **Le Baptême**
Deuxième Tableau : **L'Amour**
Troisième Tableau : **La Fête**
Quatrième Tableau : **Vision**

Cinquième Tableau : **L'Incendie**
Sixième Tableau : **La Mort**
Septième Tableau : **Triomphe**

Personnages

LÉNORE LA MÈRE	Mme *Hilda Roosevelt* *(de l'Opéra)*
WILHELM MARTIN PYK	M. *Gabriel Paulet* *(de la Société des Concerts)*
LE DOYEN DES MAÎTRES MAÎTRE DIETRICH HENRI DUMM	M. *Georges Petit* *(Professeur au Conservatoire)*
JOHANN KASPAR BITTERLY	M. *Paul Flèche* *(de l'Opéra de Rouen)*
JONAS HARTKOPF UN HÉRAUT UN PRÊTRE	M. *Hugues Starke*
DEUX ESPRITS DU RÊVE	Mlles *E. Danchin* *L. Schmitt*

OUVRIERS ET COMPAGNONS FONDEURS — ARTISANS ET ÉCOLIERS
BOURGEOIS ET BOURGEOISES — PRÊTRES — VOIX DES CLOCHES
LES ESPRITS DU RÊVE.

Le lieu de la scène est dans une ville libre du nord de la Suisse, fin du XIVe et commencement du XVe

PIANO : Mlle N. RADISSE, M. H. STENNEBRUGGEN

Orchestre et Chœurs sous la Direction de M. J. GUY ROPARTZ

Pianos de Concert ERARD et GAVEAU, de la Maison WOLF.

Ce Concert est le dernier de la Saison.

PROLOGUE

Le logis de Wilhelm, maître-fondeur. Une grande pièce éclairée par de profondes fenêtres en ogive; à gauche, une ouverture donnant sur la chambre de fonte d'où s'échappent de rouges lueurs. Maître Wilhelm, dont la longue barbe blanche se détache sur les sombres vêtements de travail, observe ses ouvriers qui se livrent aux derniers préparatifs avant le coulage. La nuit vient.

LES OUVRIERS

La cloche aux belles voix va vivre,
Coupez les grands pins des forêts,
Compagnons, oh hei!
Mélangez l'étain et le cuivre;
Le moule attend, tenez-vous prêts,
Compagnons, oh hei!

WILHELM

Ma dernière œuvre est à son terme;
Mes compagnons, robustes et puissants,
Briseront dès demain le moule qui renferme
Ma belle cloche aux sons retentissants.

Il vient s'appuyer à une table sur laquelle est une lampe de cuivre posée à côté d'un grand manuscrit ouvert et de divers instruments d'alchimie.

De la mort je sens les approches...
Mais avant de partir pour le monde inconnu,
Je veux revoir encore ces instants où les cloches
Ont influé sur ma vie et m'ont soutenu
Par de gais tintements ou par de doux reproches.
Baptême... Amour... Victoire, et toi, lugubre nuit
Où je pleurai ma belle fiancée,
Passez devant mes yeux; tableaux d'un jour qui fuit
Je vous évoque! A vous ma dernière pensée.

Il fait un long geste d'évocation; la lampe s'éteint et la pièce reste plongée dans l'obscurité.

1. — LE BAPTÊME.

Une place (milieu du XIVe siècle). Au fond, une église gothique à porche en saillie. La foule bariolée est rassemblée sur la place et le cortège du baptême se déroule peu à peu au milieu des bourgeois recueillis et attentifs.

LES GENS DU BAPTÊME

La cloche a salué par ses accents joyeux
L'enfant que l'on porte au baptême.
Aux baisers de celle qui t'aime,
Bel enfant, ouvre tes doux yeux;
Tes yeux, purs comme le ciel même,
Brillent d'un éclat radieux.

Le cortège entre dans l'église. La foule, restée sur la place, cause à voix basse.

LA FOULE

Ouvre tes yeux à la lumière
Vermeille ainsi que ton corps est vermeil
Que ce jour matinal, en sa splendeur première,
T'éveille doucement de ton jeune sommeil.
Aux horizons lointains flottent encore
Tes destins sombres ou sereins;
En adorant le vrai Dieu que j'adore,
Tu craindras le Dieu que je crains.

Le cortège sort de l'église. Les prêtres, suivis de leurs acolytes et escortés de deux porte-cierges, s'arrêtent sous le porche et entonnent le **Credo**, d'une voix forte. La foule entière, groupée sur la place, s'agenouille aussitôt et répond: **Credo.**

LES PRÊTRES

Credo in unum Deum.

LA FOULE

Credo in unum Deum.

Les prêtres rentrent dans l'église dont les portes se referment. La foule s'écarte alors et livre passage à la mère qui s'avance à pas lents en tenant son enfant entre ses bras et s'arrête vers le milieu de la place.

LA MÈRE

Crois, doux Wilhelm, aux belles visions
De mon âme tendre et chrétienne;
Que l'espérance te soutienne
Au milieu des illusions.

Elle s'avance suivie des gens du Baptême.

Aime les choses éternelles,
Amère est la réalité;
Et vis dans un songe enchanté
De mes caresses maternelles.

TOUT LE PEUPLE

La cloche a salué . . .
etc., etc.

Le cortège se remet en marche lentement. La foule s'écoule peu à peu. La place reste vide.

II. — L'AMOUR.

La lisière d'un bois au printemps. Les arbres commencent à se couvrir de feuilles. Au second plan, une grande prairie conduisant en pente douce à la ville dont on aperçoit au loin les remparts hérissés de tours et de clochers. Tout à fait au dernier plan, des montagnes dorées par le soleil couchant. Crépuscule du soir.

WILHELM

Suivons tous deux ce frais sentier
Bordé d'acanthe et de verveine;
L'air est plus pur et de sa douce haleine
Effleure tendrement le lys et l'églantier...

Lénore tressaille. Ils s'arrêtent.

Mais pourquoi trembles-tu, Lénore bien aimée?

LÉNORE

O mon Wilhelm! Je suis toute alarmée...
J'ai peur... Demain, les Métiers assemblés
Devant le peuple entier doivent nommer un Maître...
Ton œuvre, mon Wilhelm, est trop belle peut-être...
Si les doyens jaloux, par l'envie aveuglés,
Refusaient de t'inscrire au livre de maîtrise...
Du succès de ton entreprise
Dépend notre union et j'ai peur!

Wilhelm entraîne Lénore sur un banc de mousse d'où l'on découvre toute la vallée; il s'assied auprès d'elle et lui montre d'un geste noble et calme le paysage qui s'étend de l'autre côté du bois.

WILHELM

Folle enfant!
Regarde au loin dans la vallée,
La brume s'est amoncelée,
Tout se tait, le soleil disparaît triomphant.
L'ombre envahit déjà les cimes enflammées,
Et, de la plaine ainsi que d'un vaste encensoir,
Montent aux cieux des senteurs embaumées...
Sur nous s'étend le grand calme du soir...
C'est ainsi que tranquille et l'âme au ciel ravie,
L'Artiste fait son œuvre et le reste n'est rien;
L'Art et l'Amour éclairent seuls ma vie:
Je t'aime, ma Lénore! O mon unique bien.

Lénore, transportée, se jette dans les bras de Wilhelm.

LÉNORE

Ah! cher amant! redis ce doux mot qui m'enivre
« Je t'aime »... Oui, je t'aime et me laisse charmer;
Je t'adore, heureuse de vivre,
O bien-aimé! partout je veux te suivre,
Au-delà de la mort, je veux encore t'aimer!

Elle s'arrête tout à coup.

La Mort!... Ah!... cette nuit, un rêve m'a troublée...
Je te voyais; la foule rassemblée,
Joyeuse, t'acclamait par de nobles transports...
Nous étions séparés... et moi... triste, inquiète,
Je te tendais les bras... Mais, soudain, sur ma tête
Lentement descendit le long voile des morts!...

Wilhelm reprend Lénore entre ses bras.

WILHELM

Loin de nous la noire tristesse,
Bien loin ce rêve mensonger!
Rassure-toi, chère maîtresse...

Elle l'entraîne sur le banc de verdure.

LÉNORE

Ah! laisse mon cœur parler; laisse
Mon regard doucement dans tes yeux se plonger...

LÉNORE ET WILHELM

Que mon âme à ton âme unie
Par un serment que rien ne peut briser,
Goûte la douceur infinie
D'un amoureux baiser.
O pur amour.... Langueur douce et tranquille.

La nuit est presque tombée... Une cloche lointaine sonne l'**Angelus**.

WILHELM

Mais, écoute... C'est l'Angelus; bientôt
On va fermer les portes de la ville...
Ton père doit t'attendre, ô bien-aimée, il faut
Partir.

LÉNORE

S'adressant à la plaine déjà plongée dans l'obscurité.

Adieu, nuit amoureuse!
Adieu, chère vallée! Adieu, rêve enchanteur!
Je pleure et je suis bien heureuse.
Rentrons, Wilhelm, je n'ai plus peur!

Ils reprennent leur promenade et se perdent tous les deux dans la nuit.

III.   LA FÊTE.

La place du Marché. A droite, le logis de Wilhelm; à gauche, l'Hôtel de Ville, vieux monument roman orné d'un large et massif perron. Au milieu de la place, plusieurs puits à grille de fer ouvragé et une fontaine de pierre entourée de gazon; au fond un entrecroisement de rues étroites.

La foule, en habits de fête, chante et danse dans tous les coins de la place. Un large espace, gardé par les archers en hoqueton de cérémonie, reste libre devant le perron de l'Hôtel de Ville.

LE PEUPLE

Les cloches sonnent à toute volée!
Sonnez cymbales et chansons
Hoho! ohé! oh!
Toute la ville est ici rassemblée,
Les danses foulent les gazons.
Ho! ohé! oh!

Les valseurs circulent autour des puits et de la fontaine. Ils s'éloignent, puis reparaissent et la foule se mêle à leurs groupes.

Héia! La valse va son train
Ho, ho! etc...

Les valseurs s'arrêtent; tous regardent au loin le cortège des corporations qui s'avance.

LE PEUPLE

Voici les forgerons, les tanneurs, les orfèvres,
Voyez, là-bas, les gais tailleurs, le rire aux lèvres;
Et chacun chante son refrain,
Place aux métiers!

LES TANNEURS

Nos bras vaillants préparent le cuir!
Le cuir des saints missels et des épithalames.
Ah, Ahm!

LES FORGERONS

Nous forgeons de si bonnes lames
Que devant elles il faut fuir.

LE PEUPLE

Hurrah... pour les tanneurs!

Vivent les braves forgerons!

. . . .

LES TAILLEURS

Nous taillons des habits de cour et de livrée,
Nous habillons le prince et ses valets.

LES ORFÈVRES

Nous ciselons bien la châsse dorée
La corne d'ivoire et les gobelets.

LE PEUPLE ET LES ÉCOLIERS

Place au Gay sçavoir! Place aux écoliers!

Les danses cessent. Tout le peuple se range et l'on voit paraître le cortège mi-grotesque, mi-sérieux des écoliers. Ils sont vêtus de costumes drôlatiques et rapiécés, mais ils s'avancent très gravement, en singeant les grandes corporations et, fiers de leurs privilèges, vont se placer tout au plus près du perron de l'Hôtel de Ville.

LES ÉCOLIERS

Riches de beau savoir et toujours endettés,
Nous aimons l'amour et Virgile,
Les Nymphes et le pied agile
De moins idéales beautés.
Gaudeamus
Quando conveniunt
Catharina, Sybilla, Camilla
Sermones faciunt
Vel ab hoc, vel ab hac, vel ab illa.
Gaudeamus igitur.

A ce moment, les portes de l'Hôtel de Ville s'ouvrent et livrent passage aux trois musiciens jurés. Deux d'entre eux tiennent de trompettes enrubannées aux couleurs de la ville et le troisième bat un énorme tambour. Ils se rangent aux extrémités du perron, tandis qu'un héraut vêtu d'un hoqueton armorié et portant une longue baguette blanche, réclame le silence.

UN HÉRAULT

Silentium!

La foule se tait et se presse au pied de l'escalier de pierre au haut duquel apparaît bientôt le Doyen des Maîtres, tenant à la main un parchemin à large sceau. Il est suivi des échevins et des dignitaires de la ville.

LE DOYEN DES MAITRES

Ce beau jour de kermesse et de fête est choisi
Pour inscrire Wilhelm au livre de maîtrise:
Wilhelm a réussi.
L'œuvre glorieuse entreprise.

LE PEUPLE

Honneur à lui!
Etc...

LE DOYEN

Accours, ô peuple !
Ainsi qu'une superbe et pacifique armée,
Chante l'heureux Wilhelm, voici
Venir son œuvre d'art, par la foule acclamée.

La corporation des fondeurs débouche sur la place. Immédiatement après la bannière marche Wilhelm revêtu des insignes de maîtrise; derrière lui, quatre compagnons portent un brancard enguirlandé de feuillages, sur lequel est le chef-d'œuvre de Wilhelm, recouvert d'un voile blanc.

LA FOULE

Honneur au nouveau maître! honneur à lui!
Que le nom de Wilhelm brille parmi les noms
Dont la ville s'honore;
Mêlons nos voix aux voix de la cloche sonore;
A bon Maître, bons compagnons!

Les fondeurs prennent la tête du cortège et tous les Métiers, marchant en ordre, gravissent les marches du perron et s'engouffrant dans les larges portes de l'Hôtel de Ville tandis que les cloches sonnent joyeusement.

IV. — VISION.

La chambre des cloches dans l'intérieur du vieux clocher. Au fond:
un obscur enchevêtrement de poutres et de charpentes, soutenant les nom-
breuses cloches sur lesquelles sont gravées des armoiries et des figures
héraldiques. A gauche, une fenêtre ogivale à larges auvents de pierre, au
travers desquels on aperçoit les figures grimaçantes des gargouilles et des
monstres qui garnissent la galerie extérieure. Il fait nuit, Wilhelm, rêveur
et abattu, est assis sur une marche en pierre devant la fenêtre; un pâle
rayon de lune éclaire faiblement la place où il se tient, la tête penchée et
appuyée sur sa main.

WILHELM

Tout m'accable à la fois! A ma triste misère
La seule voix du désespoir répond ....
En vain dans l'abîme sans fond,
Mon regard cherche un rayon qui l'éclaire.
Autrefois, je vivais pour l'Art et pour l'Amour,
Mais ... aujourd'hui, rien ne m'est plus sur terre!
Pour moi tout est mort en ce jour.
De même qu'à l'instant décisif de la fonte,..
Le flot du métal lourd bouillonne avec fureur
Au sein du moule qui le dompte;
De même j'ai senti s'agiter en mon cœur
Une forme sublime et pourtant inconnue,
Un art nouveau puissant et fort.
Mais nul ne me comprend et mon stérile effort
Sert de risée à la cohue! ...
O toi dont le trépas a fermé la paupière,
Toi seule relevais mon courage abattu.
Et maintenant d'un linceul revêtu
Ton corps gît renfermé sous une froide pierre ...
Sur ton beau front
Lénore bien-aimée,
Les tristes fleurs se faneront
Comme ta jeunesse embaumée.
Toi que j'aimais,
O chaste et douce amie,
Du grand sommeil tu t'es donc endormie ...
Te réveilleras-tu jamais?
O vie éternelle, ô mystère
Profond pour l'esprit impuissant,
Comme est profond pour les yeux de la terre
L'espace éblouissant!

Il reste abîmé dans sa rêverie.

L'horloge sonne minuit. La lune darde ses rayons à l'intérieur du
vieux clocher. Tout s'anime graduellement d'un mouvement surnaturel: les
charpentes craquent, les animaux héraldiques vivent et se meuvent, les
gargouilles et les figures symboliques pénètrent lentement dans la tour.

VOIX DES CLOCHES

Mercure a lui,
Vénus a lui,
Les temps sont proches,
Réveillez-vous,
Accourez tous,
Esprits des cloches,

Gnômes, follets,
Gais farfadets,
Quittez vos grèves,
Kobolds malins
Et gobelins,
Brouillez les brèves

Des vieux psautiers,
Griffons altiers,
Noires merlettes,
Alérions d'or
Volez encor,
De vos aigrettes

Elfes ailés,
Vous constellez
La voûte sombre;
Autour de vous
Court le remous
D'Esprits sans nombre!

A l'appel des cloches, la foule des esprits sort tout à coup de l'obscurité. Les follets et les elfes lumineux sautent joyeusement sur les poutres et les entablements des voûtes. Tout scintille et tourbillonne.

Les gnômes et les figures symboliques font place aux Esprits féminins qui apparaissent vêtus de longs vêtements couleur de l'air et presqu'entièrement enveloppés de leurs chevelures dorées. Ils entrelacent leurs bras et forment ainsi de lentes théories qui passent et repassent devant Wilhelm en un mol et voluptueux balancement.

LES ESPRITS DU RÊVE

Viens à nous, la nuit est brève :
Nous sommes les esprits du Rêve
Nous endormirons ta pensée
Et nous bercerons ton âme lassée,
Dans nos bras caressants et doux.

Dors en paix, la nuit s'achève,
Au loin le triste jour se lève;
Nous te rendrons l'espérance
Et nous calmerons ta lente souffrance
Par des songes heureux et vrais.

L'horloge extérieure du clocher sonne une heure. Tous les esprits disparaissent en un clin d'œil. Wilhelm reste assoupi et comme insensible.

Une étrange lueur illumine tout à coup le fond de la tour et enveloppe de ses rayons une figure de femme, qui, couronnée de roses pâles et la tête couverte d'un long voile, se dresse, blanche et immobile, devant Wilhelm.

LÉNORE

O mon Wilhelm, la mort jalouse,
De toi m'a séparée aux plus beaux de nos jours;
Mais dans l'éternité je reste ton épouse,
Et suis avec toi pour toujours!
Garde le souvenir des heures bienheureuses
Où ton cœur au mien s'est uni;
Le doux lien des âmes amoureuses
Subsiste encore dans l'infini.
Ecoute-moi, Wilhelm! Ton génie intrépide
Par l'affreux désespoir ne sera point dompté;
Méprise les clameurs de la foule stupide,
Laisse ton âme au vol rapide
S'élancer dans l'immensité.
Laisse ta pensée immortelle
Planer avec moi dans les cieux,
Elève tes regards vers mon front radieux;
O mon amant! Je suis l'Harmonie éternelle.

La figure de Lénore s'élève doucement, comme portée sur un nuage et s'efface bientôt ainsi que la lumière fantastique dont elle était environnée. La lueur matinale de l'aube commence à pénétrer dans la tour. Wilhelm, semblant se réveiller d'un profond sommeil, passe la main sur son front et regarde autour de lui. Il se lève et ses yeux s'arrêtent sur la place d'où la figure de Lénore vient de disparaître.

Les rayons du soleil levant éclairent subitement l'intérieur du clocher. Tout s'illumine; Wilhelm, debout et exalté est inondé de lumière.

V. — L'INCENDIE.

La place du Marché. Nuit noire. On entend de loin comme une rumeur confuse et un tintement de bourdon.

BOURGEOIS ET PEUPLE

Le toscin sonne à coups funèbres;
Il n'est de tour ni de beffroi
Qui ne sème partout l'effroi.
Dans le silence, au milieu des ténèbres
On entend gémir un bruit sourd.
La fumée s'élance dans l'air lourd
Le bruit va grandissant,
La nue est écarlate
Et l'incendie éclate
Terrible, éblouissant.
Au feu! c'est dans la rue
Des Juifs! Au vieux marché! Non! Du côté du Bourg.
Vers les remparts la rumeur s'est accrue,
Voici tous les gens du faubourg.
Par un vent furieux
Les flammes sont poussées;
Voyez! jusques aux cieux
Des lueurs entassées!

Johann accourt essoufflé et éperdu.

JOHANN

Alerte!

LA FOULE

C'est Johann! qu'a-t-il donc?

JOHANN

Les Routiers!
Ils sont là! les soldats du Landgrawe
Ont fui. La porte est prise et les aventuriers
Pillent! brûlent! tuent! Malheur à qui les brave!

LA FOULE

Malheur! Sauve qui peut! Pillés! Trahis! Vendus!
Miserere! Hélas! Nous sommes tous perdus.

Wilhelm sort de son logis tout armé. Il s'avance, calme au milieu de la foule éperdue et sa voix domine les rumeurs qui s'apaisent peu à peu à son aspect.

WILHELM

Arrêtez!

LA FOULE

C'est maître Wilhelm! Ecoutez?

WILHELM

Peuple! pourquoi ces cris? Pourquoi ces vaines larmes?
Vos bras n'ont-ils donc plus cette noble valeur
Qui chassa de vos murs les rouges hommes d'armes,
De Wenceslas, de l'Empereur?
Aujourd'hui, des routiers, gens de sac et de corde,
Sans trève ni miséricorde
Saccagent votre ville et la flamme grandit!
Aux lâches laissez les alarmes,
Pour le double combat allez chercher des armes,
A bonne fin! c'est Dieu qui vous conduit.

LA FOULE

Il a raison! A la rescousse! Dieu marche avec nous.

WILHELM

Il brandit fièrement son lourd marteau de fondeur.

Prenez vos marteaux, compagnons!
Hérauts, prenez la sacquebutte,
Ecoliers et bourgeois, armez-vous pour la lutte,
Et déployez vos gonfanons!

LA FOULE

Coups d'estocs et de taille
Les routiers sont venus,
Tas de gens inconnus
Adroits à la bataille.

Les artisans, les étudiants, les bourgeois courent chercher leurs armes. Wilhelm se retourne alors vers les femmes et le petit nombre d'hommes resté sur la place.

WILHELM

Vous, les vieillards, les faibles et les femmes
Courez à la rivière et puisez l'eau des puits;
Que la frayeur ne trouble plus vos âmes.
Protégez vos maisons, détournez-en les flammes ...
Nous, jeunes gens! sus aux bandits.

Tous les hommes en état de porter les armes sont revenus sur la place; une multitude de torches illumine la scène. Les bourgeois, portant piques et hallebardes, forment leurs enseignes sous les ordres de leurs quarteniers; plus près du centre, les écoliers, brandissant leurs longues rapières, se mêlent aux artisans et aux compagnons qui sont armés de marteaux, de pieux et de poignards.

Une partie des femmes, courbées sous leurs hottes de bois ou de cuivre, vont les emplir aux puits et aux fontaines. Tous entourent Wilhelm dans le plus grand enthousiasme.

LA FOULE

Gloire à Wilhelm! Suivons l'illustre maître,
Le défenseur des saintes libertés.
Oui, nous vaincrons! Wilhelm a fait renaître
L'ardent courage en nos cœurs exaltés!

WILHELM

Peuple! à genoux!

LE PEUPLE

Dieu! protecteur des pieuses cités,
Conduis nos bras, fais-toi connaître.
Marchons! que nos pesants marteaux
Chassent hors de la ville
Toute la horde vile
De ces brûleurs de bourgs et pilleurs de châteaux,
A mort les malandrins! A mort les cotereaulx!
Hérauts, sonnez notre victoire,
Gloire à Wilhelm!

Les enseignes sont formées. Tous s'ébranlent en belle ordonnance.
Wilhelm, son lourd marteau à la main, marche le premier et l'armée impro-
visée défile au milieu des cris de guerre et des appels de trompettes
et saquebuttes, tandis que les femmes, les enfants, les vieillards, groupés
autour des puits et des fontaines, encouragent les guerriers et agitent leurs
torches en tous sens.

VI. — LA MORT.

Le logis de Wilhelm, comme au prologue. Il fait jour. Les ouvriers ont terminé leur tâche et chantent gaiement dans la chambre de fonte, tandis que le maître, appuyé à la haute table, dans la même attitude qu'au commencement du prologue, réfléchit profondément.

LES OUVRIERS

A coups pesant brisons le moule!
Prenons en main le lourd marteau,
Compagnons! Oh hei!
Que la terre se fende et croule,
La cloche sort de son manteau,
Compagnons! Oh hei!

WILHELM

La cloche a secoué son manteau de poussière.
L'œuvre est faite! Et ma vie entière
En cette nuit suprême a passé sous mes yeux.
Je sens venir la mort. Sans regrets et joyeux,
J'adresse au ciel ma dernière prière :
O Dieu des Arts, père de la Lumière,
Entends mes vœux!
Fais, ô grand Dieu, que mon âme ravie,
Brisant son lien corporel
Passe en mon œuvre et lui donne la vie,
Par un baiser surnaturel !
Fais qu'en ma belle cloche aux voix mystérieuses,
Mon être transporté
Célèbre encore l'Idéale Beauté
Et ses splendeurs délicieuses!
Fais, enfin, que l'Humanité
Goûtant dans l'Art une paix infinie,
Chante à jamais la sublime Harmonie
Et l'éternelle Vérité!

VII. — TRIOMPHE.

La place du Marché, au milieu de laquelle reluit, sous les rayons d'un beau soleil d'été, la cloche monumentale, dernière œuvre de Wilhelm. Celle-ci, dégagée de ses étais, pend librement au-dessous d'un lourd écha-faud de fortes poutres. Les compagnons fondeurs, mornes et silencieux, empêchent la foule d'approcher.

Tous les habitants de la ville, ainsi que nombre de maîtres et de visi-teurs étrangers sont rassemblés sur la place.

LE PEUPLE

En attendant la grande volée,
Sonnez cymbales et chansons,
Toute la ville est ici rassemblée,
C'est jour de fête, amis, dansons!
Voyez comme la cloche est belle!
Honneur à l'ouvrier puissant!

PYK, BITTERLI, DUMM ET HARTKOPF

Taisez-vous donc! il faut n'avoir point de cervelle
Pour accoucher de ce bloc jaunissant.

LE PEUPLE

A bas! qui dit cela?

DUMM

Contre toutes les règles
Cette œuvre est perpétrée!

BITTERLI

Oui! J'en suis caution
Cette cloche est contraire à la tradition.

LE PEUPLE

Qu'y trouvez-vous de mal?

PYK, BITTERLI, DUMM ET HARTKOPF

Voyez ces têtes d'aigles
Et ce tour ciselé
Qui va de l'une à l'autre oreille;
Vit-on jamais chose pareille?
C'est incompréhensible, il faut être insensé!

LE PEUPLE

Pourtant, maître Wilhelm...

PYK, BITTERLI, DUMM ET HARTKOPF

Il est ensorcelé.

LE PEUPLE

C'est faux! Ecoutez donc! Laissez parler!.
Maître Dietrich d'avance...

MAITRE DIETRICH

Et moi, Dietrich de Bâle,
Grand maître es-arts, docteur en droit romain,
J'affirme devant tous, après mûr examen,
Que cette cloche colossale
Est mal construite et je dois vous en avertir,
Aucun son n'en pourra sortir,
J'ai dit.

LE PEUPLE

Il a raison! Dietrich est un grand maître!
Wilhelm tarde bien à paraître,
Il n'ose se montrer; il se cache; il a peur.
Wilhelm est-il donc un trompeur?
Wilhelm! Wilhelm! parais!.... Il s'est enfui peut-être.
A sac! Contre sa porte unissons notre effort!
Attendez! le voilà!

Le peuple mis en fureur par les insinuations des vieux maîtres, s'est porté en masse vers le logis de Wilhelm. Quelques-uns sont sur le point d'escalader le perron; à cet instant, la porte s'ouvre et livre passage à un prêtre revêtu d'une dalmatique noire.

UN PRÊTRE

Maître Wilhelm est mort!

LE PEUPLE

Mort, il est mort, Wilhelm est mort!

Le corps de Wilhelm, porté sur une civière par quatre compagnons fondeurs, sort du logis. Il est escorté par des prêtres en cagoule noire et des membres des confréries. Le cortège funèbre passe lentement sur la place, au milieu des groupes attristés et respectueux.

LES PRÊTRES, PUIS LE PEUPLE

In paradisum deducant te angeli; in tuo adventu
suscipiant te martyres et perducant te in civitatem
Sanctam Jerusalem. Chorus angelorum te suscipiat
et cum Lazaro quondam paupere, aeternam habeas requiem.

Le cortège de deuil a dépassé le milieu de la place et se perd bientôt dans les rues adjacentes. Alors, la cloche, comme animée tout à coup d'une vie surnaturelle, commence à s'agiter d'elle-même; ses balancements faibles d'abord augmentent de plus en plus, et le peuple atterré considère ce prodige avec une terreur superstitieuse qui s'accroît de minute en minute.

LE PEUPLE

Mais voyez, Voyez donc! Prodige merveilleux!
Je ne puis en croire mes yeux.
La cloche est ébranlée et sans aide elle agite
Son lourd marteau d'airain.
Nulle mortelle main
Ne la pousse. Voyez! le battant va plus vite...
Bientôt il touchera le bord!
C'est un miracle! Dieu lieu-même
Confond les ennemis du mort!
O minute suprême!

Le premier son de la cloche a résonné, clair et grave. Un calme subit et profond s'est emparé de tous les esprits. Les louanges de l'œuvre et de l'ouvrier montent vers la voûte céleste.

LE PEUPLE

Gloire à Wilhelm dont la voix magnanime
En nos cœurs fait régner la concorde et la paix.
Que nos accents d'un accord unanime
Célèbre son œuvre à jamais!
O Reine de la joie, ô Paix, ô souveraine,
Rends nos esprits grands et nouveaux;
Donne-nous la ferveur sereine,
Sois la force de nos travaux.
Et que par l'Art, influence bénie,
Notre esprit exalté
Chante à jamais la sublime Harmonie,
Et l'éternelle Vérité.